T0025625

VISTA™

Identificar
causa y efecto

Cuando hablas de **causa y efecto**, dices por qué pasó lo que pasó.

Frases claves para hablar de **causa y efecto**:

Sé que ______________ porque ____________ .

Leí que ______________ y por eso ____________ .

Sombras

El espacio está lleno de estrellas. Las estrellas parecen lucecitas que alumbran el oscuro cielo. El Sol es una estrella ENORME. El Sol es la estrella que está más cerca de la Tierra.

El Sol es importante para todos los seres vivos de la Tierra. El Sol nos da la luz y el calor que necesitamos para vivir.

Ciencias

el Sol

Datos sobre el Sol

El Sol parece una gran bola amarilla en el cielo.

Nunca mires directamente al Sol, ya que su luz puede lastimarte los ojos. Los científicos usan telescopios especiales para observar el Sol.

Los planetas se mueven alrededor del Sol.

No puedes ver el Sol si el día está nublado. El Sol se encuentra detrás de las nubes.

Cuando nos despertamos por la mañana, vemos el amanecer. El amanecer es el momento en que la noche oscura se convierte en brillante luz diurna.

Por la tarde, el Sol está alto en el cielo. Brilla sobre nosotros. ¡El Sol puede sentirse tibio o caliente!

El Sol brilla sobre nosotros, pero su luz no puede brillar a través de nosotros. Nuestros cuerpos detienen la luz del Sol.

Cuando nuestros cuerpos detienen la luz del Sol, vemos formas oscuras frente a nosotros. ¡Las formas oscuras son nuestras **sombras**! Nuestras sombras se parecen a nosotros.

El Sol brilla sobre este árbol. Las ramas y hojas del árbol no dejan pasar la luz y esto produce una sombra. La sombra se parece al árbol.

Esta cerca también tiene una sombra. El Sol brilla sobre un lado de la **cerca** y esto hace que se produzca una sombra en el otro lado.

Las sombras tienen muchas formas. Cuando el Sol brilla sobre una pelota, esta no deja pasar la luz. La sombra de la pelota se parece a la pelota.

¿Qué animal tiene esta sombra?

Los animales también tienen sombras. Mira a estos animales. Mira las sombras. Las sombras tienen la misma forma que los animales.

Puedo cambiar mi sombra. Si me muevo, mi sombra también se mueve. La forma de la sombra puede cambiar.

¡Salto, y mi sombra también salta! Nos damos la mano, y nuestras sombras también **se dan la mano**. Nuestras sombras hacen todo lo que hacemos.

Las sombras cambian de la mañana a la noche

La trayectoria del Sol a través del cielo hace que la longitud de las sombras cambie. La longitud es lo largo que es algo.

Por la mañana, el Sol está bajo en el cielo. Las sombras son largas.

El Sol en la mañana

Al mediodía, el Sol está alto en el cielo. Las sombras son más cortas.

El Sol al mediodía

Por la tarde, el Sol está bajo en el cielo. ¡Las sombras son largas de nuevo!

El Sol en la tarde

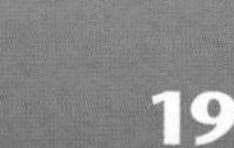

Al final de la tarde, vemos la puesta de sol. La puesta de sol es el momento del día en que la brillante luz del día se convierte en noche oscura.

Las puestas de sol pueden ser coloridas. El cielo puede cambiar de azul a amarillo, naranja y rosa. Después de la puesta de sol, todo está oscuro. No vemos el Sol. No vemos nuestras sombras. ¡Pero vemos la Luna!

Las sombras están en todas partes. Algunas sombras son cortas. Algunas sombras son largas. Algunas sombras son grandes. Algunas sombras son pequeñas.

Párate entre una pared y una luz de color. ¡Mira lo que pasa!

Cuando el Sol brille, ve afuera. Mira a tu alrededor. ¿Ves tu sombra? ¿Qué otras sombras ves?

¡Diviértete con las sombras!

Haz sombras dentro de la casa.

pared

Con una linterna, ilumina una **pared**. Pon tu mano entre la luz de la linterna y la pared. ¡Mira la sombra de tu mano!

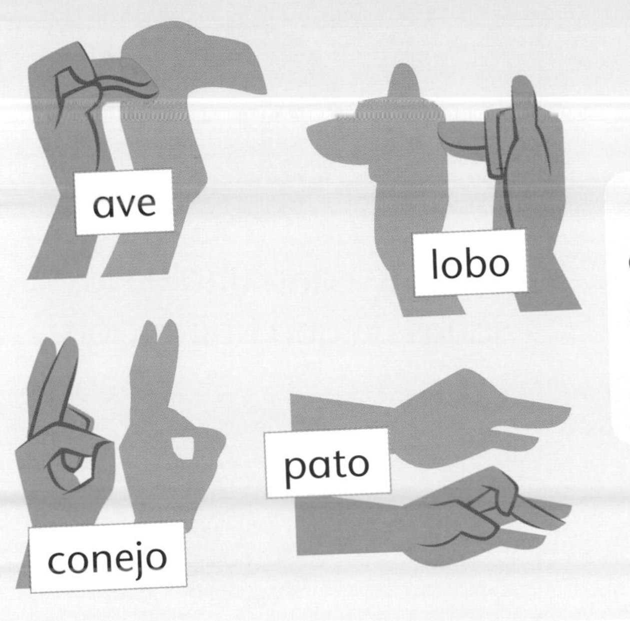

¡Puedes crear muchas sombras divertidas con tus manos!

Haz una obra de teatro con **sombras chinescas**. Mueve las manos y haz que las sombras caminen, hablen y **bailen**.

bailar moverse al ritmo de la música

cerca algo que se usa para impedir que los animales o las personas entren o salgan de un lugar

darse la mano tomar una persona la mano de otra

pared cada uno de los lados de una habitación

sombra forma oscura que se produce cuando algo se coloca entre la luz y otro objeto

sombras chinescas figuras de personas, animales o cosas que puedes hacer al poner las manos u otros objetos entre una luz y una superficie clara

Photography and Art Credits

All images © by Vista Higher Learning unless otherwise noted.

Cover: Zurijeta/Shutterstock.

4-5: Triff/Shutterstock; **5:** Yenwen/Getty Images; **6-7:** (background) Wenani/Shutterstock; **6:** (t) Lukasz Pawel Szczepanski; (b) Zoonar GmbH/Alamy; **7:** Katacarix/Shutterstock; **8:** AlinaMD/Shutterstock; **9:** Shapecharge/Getty images; **10-11:** Zurijeta/Shutterstock; **12:** Smileus/Shutterstock; **13:** Thelma Lanteigne/EyeEm/Getty Images; **14:** Tobias Titz/Getty Images; **15:** (t) Sabine Rieg/EyeEm/Getty Images; (m) Bob Mccaffrey/EyeEm/Getty Images; (b) Sergey Nivens/Shutterstock; **16:** (t) Igor Pushkarev/Shutterstock; (b) Igor Pushkarev/Shutterstock; **17:** Camille Tokerud/Getty Images; MinoruM/Getty Images; **20-21:** Yaalan/Shutterstock; **22:** (t) Nisa Pao/Shutterstock; (bl) Giorgio Canali/EyeEm/Getty Images; (br) Suzanne Tucker/Shutterstock; **23:** Joseph Sohm/Shutterstock; Zyabich/Shutterstock; **24-25:** (background) Ganjalex/Shutterstock; Udovichenko/Shutterstock; **24:** Kryzhov/Shutterstock; **25:** Johanna Altmann/Shutterstock; **26:** (tl) Johanna Altmann/Shutterstock; (tr) Zurijeta/Shutterstock; (mtl) Thelma Lanteigne/EyeEm/Getty Images; (mbl) MinoruM/Getty Images; (bl) Smileus/Shutterstock; (br) Kryzhov/Shutterstock.

500 Boylston Street, Suite 620
Boston, MA 02116-3736
www.vistahigherlearning.com
www.loqueleo.com/us

Dirección Creativa: José A. Blanco
Vicedirector Ejecutivo y Gerente General, K–12: Vincent Grosso
Desarrollo Editorial: Salwa Lacayo, Lisset López, Isabel C. Mendoza
Diseño: Ilana Aguirre, Radoslav Mateev, Gabriel Noreña, Verónica Suescún, Andrés Vanegas, Manuela Zapata
Coordinación del proyecto: Karys Acosta, Tiffany Kayes
Derechos: Jorgensen Fernandez, Annie Pickert Fuller, Kristine Janssens
Producción: Esteban Correa, Oscar Díez, Sebastián Díez, Andrés Escobar, Adriana Jaramillo, Daniel Lopera, Juliana Molina, Daniela Peláez, Jimena Pérez

Sombras
ISBN: 978-1-54338-631-8

Printed in the United States of America

1 2 3 4 5 6 7 8 9 AP 28 27 26 25 24 23